CHAMBRE DE COMMERCE
D'AMIENS

PROPOSITION DE LOI

SUR

LES MARQUES DE FABRIQUE OU DE COMMERCE

LE NOM COMMERCIAL, LA RAISON DE COMMERCE

ET

LE LIEU DE PROVENANCE

RAPPORT

Présenté par **M. Eugène GALLET**

Dans la Séance du 26 Juillet 1888.

AMIENS,

IMPRIMERIE TYPOGRAPHIQUE ET LITHOGRAPHIQUE T. JEUNET.

45, Rue des Capucins, 45.

—

1888.

CHAMBRE DE COMMERCE

D'AMIENS

PROPOSITION DE LOI

SUR

LES MARQUES DE FABRIQUE OU DE COMMERCE

LE NOM COMMERCIAL, LA RAISON DE COMMERCE

ET

LE LIEU DE PROVENANCE

———

RAPPORT

Présenté par M. Eugène GALLET

Dans la Séance du 26 Juillet 1888.

AMIENS,

IMPRIMERIE TYPOGRAPHIQUE ET LITHOGRAPHIQUE T. JEUNET.

45, Rue des Capucins, 45.

—

1888.

CHAMBRE DE COMMERCE D'AMIENS

PRÉSIDENCE DE M. CHARLES LABBÉ.

M. Eugène Gallet, donne lecture du rapport suivant, sur une proposition de loi relative aux marques de fabrique ou de commerce, le nom Commercial, la raison de Commerce et le lieu de provenance.

MESSIEURS,

La Commission du Sénat (1) chargée d'examiner une proposition de loi de MM. J. Bozérian, Dietz-Monnin, Arbel, Claude, Noblot, Dauphinot, Kiéner, George, Gailly, et Viellard-Migeon, relative aux fraudes tendant à faire passer pour français, des produits fabriqués à l'étranger ou en provenant, a substitué à cette proposition, un projet de loi général, sur les marques, le nom Commercial, la raison de Commerce et le lieu de provenance.

M. le Ministre du Commerce et de l'Industrie a demandé au Sénat l'ajournement de ce projet, afin de permettre au Gouvernement de consulter les corps intéressés, notamment les Chambres de Commerce, les Chambres consultatives des Arts et Manufactures et les Chambres syndicales.

---

(1) Cette commission est composée de :
MM. le Général Frébault Président; A. Huguet Secrétaire ; Gailly, Donnot, Noblot, Cazot Jules, Dietz-Monnin rapporteur; Teisserenc de Bort, Tolain.

M. le Ministre du Commerce et de l'Industrie, en invitant notre chambre à exprimer son avis, attire particulièrement son attention :

1° Sur l'article 4, qui crée un dépôt central des marques et supprime ainsi le dépôt au greffe des tribunaux de Commerce;

2° Sur l'article 13, qui soumet à une déclaration préalable, le nom commercial et la raison du commerce.

Vous avez bien voulu me confier l'examen de ce projet. Je vais passer en revue le plus brièvement possible, les différents articles qu'il renferme, en vous signalant les dispositions nouvelles qui me paraissent de nature à fixer votre attention.

Ce projet de loi est divisé en neuf titres qui comprennent 39 articles.

TITRE I.

De la Constitution et du Droit de propriété des marques.

« ARTICLE PREMIER. — Les marques peuvent être employées « de deux façons différentes : Comme marques de fabrique « et comme marques de commerce.

« La marque de fabrique est celle employée par le fabricant, « le producteur ou l'exploitant comme signe distinctif des « produits de sa fabrication, de sa production ou de son exploi-« tation, que ces produits soient créés de toutes pièces ou « simplement transformés, ouvrés ou manufacturés dans ses « ateliers ou usines.

« La marque de commerce est celle que peut employer un « négociant, marchand ou commissionnaire, comme signe « distinctif des produits qu'il achète, pour les revendre, sous « sa responsabilité et sa garantie.

« Toute marque appliquée sur un objet ou sur son enve-« loppe, devra être accompagnée d'une façon apparente de la « mention M de F, s'il s'agit d'une marque de fabrique et de « la mention M de C s'il s'agit d'une marque de commerce. »

Cet article contient une disposition entièrement nouvelle, c'est la création d'une marque de commerce distincte de la marque de fabrique.

Le rapport qui accompagne le projet de loi, ne donne aucun motif vraiment concluant, qui justifie cette innovation, et le point de vue auquel s'est placée la commission sénatoriale, est trop éloigné de la réalité, pour que son application produise les résultats qu'elle en attend.

Il s'agit ici dit le rapporteur « d'une mesure édictée plutôt « dans l'intérêt du consommateur, que dans celui du produc- « teur. »

Quelles garanties nouvelles les acheteurs trouveront-ils, en voyant les marques des produits qu'ils achèteront, revêtues des signes abréviatifs M de F ou M de C, qui seront complètement inintelligibles pour la plupart d'entre eux.

Actuellement la marque de fabrique constitue une sorte de signature apposée sur l'objet qui la porte ; si elle a pris une forme autre que le nom de l'auteur, c'est d'une part qu'il est souvent plus facile d'apposer sur un objet de petite dimension, une marque figurative, que de reproduire un ncm, c'est d'autre part que le commerçant qui revend les produits qu'il n'a pas fabriqués, a presque toujours intérêt a ne pas faire connaître à ses acheteurs le nom du fabricant et qu'il impose à ce dernier l'obligation de garder l'anonyme.

La création d'une marque spéciale au commerce, ne pourra qu'accentuer les tendances qu'ont les commerçants à faire prendre à leur marque personnelle la place de la marque du fabricant et à faire perdre ainsi aux marques de fabrique une notable partie de l'importance qu'elles ont encore aujourd'hui.

Les signes M de C, si l'acheteur en comprend le sens, auront pour principal effet de lui apprendre que le produit qu'il achète n'est pas fabriqué par celui qui le vend, et comme conséquence logique de dégager en grande partie, la responsabilité de ce dernier, si le produit vendu est de qualité défectueuse.

A l'appui de cette innovation le rapporteur dit que ce mode distinctif n'est pas nouveau, et qu'on en trouve notamment un exemple dans la législation du Chili où cette disposition, mise en vigueur depuis le 12 novembre 1874, a fonctionné à la satisfaction générale des intéressés.

Le rapporteur aurait dû ajouter qu'aucune des nations de l'Europe, n'a cru devoir adopter cette mesure, et que les Anglais dont il est permis d'invoquer l'exemple, en matière de commerce, n'ont nullement éprouvé le besoin d'établir cette distinction, considérant comme parfaitement suffisant de n'employer qu'un seul terme *trade marck*, pour exprimer l'une et l'autre de ces désignations.

Je considère que cette innovation, à quelque point de vue que l'on se place, présente plus d'inconvénients que d'avantages.

Le fabricant apposera toujours sa marque sur les produits qu'il fabrique, quand il aura intérêt à le faire, le détaillant de son côté ne négligera jamais, pour le même motif d'apposer son nom et son adresse sur les objets qui sortent de sa maison et l'état de choses actuel me paraît de nature a donner satisfaction aux intérêts de tous.

Je vous proposerai donc, Messieurs, d'attirer l'attention de M. le Ministre du Commerce et de l'Industrie sur le caractère de cette innovation, et d'émettre l'avis qu'il n'y a pas lieu de créer une marque spéciale au Commerce.

L'artcile 2, porte que, sauf dans certains cas où des décrets d'administration publique peuvent rendre l'emploi des marques obligatoires, la marque de fabrique et la marque du commerce sont facultatives.

Cet article donne en outre la définition des marques. Il correspond à l'article 1er et à l'article 20 de la loi du 23 juin 1857, mais avec quelques additions qui complètent l'énumération des différents éléments qui peuvent entrer dans la composition des marques, et servir à distinguer les produits d'une fabrique, d'une exploitation agricole, forestière ou extractive et les objets de commerce.

L'emploi des décorations françaises, conférées par l'État, est interdit comme marque ou composant de marque.

« Art. 3. — Le droit de propriété d'une marque ne s'étend « pas au delà du ou des genres d'industrie ou de commerce « pour lesquels la marchandise est déclarée ou employée. »

Cette disposition ne figurait dans aucun des articles de la loi de 1857.

Mais son esprit était néanmoins passé dans la pratique. Il est en effet admis que des marques présentant même une grande analogie, mais s'appliquant à des produits différents, peuvent être utilisées sans constituer un emploi illégal.

TITRE II.

Du Dépôt des marques et des formalités.

« Art. 4. — Nul ne peut revendiquer la propriété exclusive « d'une marque, ni exercer aucune action contre les atteintes « portées à cette propriété, s'il n'a fait au dépôt central des « marques, désigné par le règlement d'administration pu-« blique, le dépôt des pièces suivantes :

« 1° Trois exemplaires de la marque collée sur le papier « réglementaire, avec les explications inscrites par le dépo-« sant, sous sa responsabilité, et avec l'indication du ou des « genres d'industrie ou de commerce, en vue desquels le « dépôt a été opéré.

« 2° Un cliché typographique de ladite marque.

« 3° Un récépissé du montant de la taxe, des frais de pu-« blication et de poste.

« Il sera perçu, en dehors des frais de publication et de

« poste, un droit fixe de 10 fr. dans lequel seront compris les
« frais de timbre et d'enregistrement. »

M. le Ministre du Commerce et de l'Industrie, en attirant
tout particulièrement l'attention des Chambres de Commerce
sur cet article, faisait remarquer que les dispositions qu'il renferme, avaient pour effet de créer un dépôt central des marques et de supprimer le dépôt au greffe des Tribunaux de
Commerce.

Permettez-moi, pour mieux faire ressortir l'importance des
modifications que cet article apporte aux choses actuellement
existantes, de vous rappeler les dispositions de la loi de 1857
en vigueur aujourd'hui.

Aux termes de l'article 2 de cette loi, auquel correspond
cet article 4, le dépôt des marques doit être effectué en double
exemplaire, au greffe du Tribunal de Commerce du domicile
du déposant.

Le décret portant règlement d'administration publique pour
l'exécution de cette loi, décret en date des 26 juillet et 11 août
1858, porte, article 4, paragraphe 1er que, un des deux exemplaires de la marque est collé par le greffier sur une des feuilles
d'un registre tenu à cet effet, et dans l'ordre de présentation.

L'autre est transmis, dans les cinq jours au plus tard, au
Ministre du Commerce pour être déposé au Conservatoire des
Arts et Métiers.

L'article 9 de ce règlement ajoute que les registres, pro-
cès-verbaux et répertoires déposés dans les greffes ainsi que
les modèles réunis au dépôt central du Conservatoire des
Arts et Métiers, sont communiqués sans frais.

Cette organisation permet à l'intéressé domicilié, soit au
lieu même, soit à une distance toujours peu éloignée du tribunal de son domicile, d'effectuer personnellement le dépôt de
sa marque, et d'obtenir du greffier, tous les renseignements
nécessaires, surtout lors d'une première opération de ce genre,

pour se conformer aux dispositions de la loi et du règlement qui l'accompagne.

Le déposant peut en outre s'assurer, en compulsant le registre tenu par le greffier, si des marques identiques ou présentant une ressemblance frappante avec la sienne, n'ont pas déjà été déposées par des industriels ou des commerçants de sa région, pour des articles similaires.

Ce premier moyen d'investigation a d'autant plus de valeur que les industries d'une même nature se concentrent souvent dans la même région, pour ces motifs que la population ouvrière y est nombreuse et qu'elle est familiarisée avec les procédés de fabrication.

L'intéressé peut de plus consulter ou faire consulter à Paris au Dépôt central qui existe déjà, au Conservatoire des Arts et Métiers, bien que les auteurs du projet de loi se proposent de le créer, les modèles des marques de fabrique déposées antérieurement, de compulser le répertoire tenu à cet effet et de s'assurer d'une façon générale qu'il n'existe pas de marque identique ou présentant trop d'analogie avec celle qu'il se propose d'adopter.

Ainsi que vous l'avez remarqué, Messieurs, le projet de loi en supprimant le dépôt dans les greffes des tribunaux de province, enlève en même temps aux déposants les facilités de dépôt et les avantages qu'ils y trouvaient pour centraliser à Paris ce genre d'opération.

Pour justifier cette innovation, le rapporteur invoque entre autres raisons, le motif suivant qu'il est intéressant de reproduire textuellement.

« Actuellement, dit le rapporteur, le déposant d'une marque
« effectue ce dépôt en remettant au greffier du Tribunal de
« Commerce de son domicile, qui en dresse procès-verbal,
« deux exemplaires du modèle de sa marque. Le greffier doit
« transmettre au Ministre du Commerce et de l'Industrie un
« de ces deux exemplaires ; mais dans la pratique, cette trans-

« mission, qui réglementairement devrait être faite dans les
« cinq jours, n'a souvent lieu qu'avec un retard considérable
« et quelquefois même, pas du tout.

« Il résulte de cette manière de procéder que plusieurs
« marques identiques peuvent être déposées simultanément
« en des points différents du territoire, sans que l'un ou
« l'autre des déposants en soit averti, etc., etc. »

Pour obvier à de pareils inconvénients, ajoute le rapporteur,
un lieu central de dépôt des marques est indispensable, à
l'exemple de ce qui se passe chez de grandes nations manu-
facturières, nos voisines.

Je crois inutile de défendre les greffiers des tribunaux de
Commerce de l'accusation de négligence et d'incurie portée
contre eux.

L'auteur du rapport en question fait preuve d'une igno-
rance tellement complète de l'organisation actuelle, adoptée
pour la transmission des marques déposées qu'il est évident
qu'il croit ce qu'il avance, sans avoir même eu l'idée de contrôler
l'exactitude des renseignements qui lui ont été donnés.

Il est en effet presqu'impossible que la négligence reprochée
aux greffiers passe inaperçue ni pour les intéressés ni au
ministère du Commerce.

D'abord les marques déposées reçoivent un numéro d'ordre,
qui est transmis au Ministre du Commerce et de l'Industrie,
avec le second exemplaire de la marque. Ces numéros
doivent se suivre sans interruption ni lacune, les erreurs qui
se produisent à ce sujet sont toujours signalées par le Ministre
au Président du Tribunal du Commerce d'où l'envoi émane.

En outre, il faut pour que le déposant soit certain que son
dépôt réalise toutes les conditions voulues pour être valable,
qu'il en soit régulièrement informé.

A cet effet, M. le Ministre du Commerce et de l'Industrie,
adresse au Président du Tribunal où le dépôt a été fait, une
dépêche ainsi conçue :

Paris, le

« M. le Ministre du Commerce et de l'Industrie a l'honneur d'informer M. le Président que le duplicata du modèle de marque de fabrique déposé sous le numéro ...... ne donnant lieu à aucune observation, a été envoyé au Directeur du Conservatoire national des Arts et Métiers, pour être classé dans le dépôt central. »

Ce n'est donc qu'après la réception de cette dépêche que le dépôt peut être considéré comme parfait, et ce n'est qu'après s'être assuré au greffe, soit en personne soit par l'entremise d'un intermédiaire, que sa marque n'a donné lieu au ministère du Commerce à aucune observation que le déposant acquiert la certitude qu'il peut en faire usage.

Le rapporteur ne fera croire à personne, qu'un commerçant ou un industriel, qui prend la peine de se créer une marque et d'en effectuer le dépôt, aura la négligence de ne pas s'assurer, si son dépôt est accepté à Paris, et le greffier pressé par l'intéressé, qui attend impatiemment l'arrivée de la dépêche ministérielle, ne peut pas sans que sa négligence apparaisse, s'exonérer de remplir les formalités prévues par la loi.

Il ne faut pas oublier que le dépôt d'une marque n'est pas un acte journalier qui se reproduit fréquemment. C'est au contraire une formalité tout à fait exceptionnelle, auquel l'intéressé attache toujours une grande importance et dont il ne néglige pas de suivre les différentes phases.

Quant au dépôt central que le rapporteur présente comme une innovation, il existe depuis de longues années et nous avons vu, par les termes mêmes de la dépêche ministérielle, dont je viens de vous donner lecture, que les marques sont envoyées au Directeur du Conservatoire national des Arts et Métiers pour être classées dans le dépôt central.

A l'appui des motifs invoqués pour arriver à la suppression

du dépôt des marques dans les greffes des tribunaux de province, le apporteur faisant dévier un peu son argumentation de la rectitude qu'elle aurait dû conserver, invoque l'exemple de l'étranger, où le mode de procéder qu'il préconise, est dit-il employé « avec succès et où ses avantages, notamment pour « prévenir le dépôt simultané de plusieurs marques identi- « ques (dans les greffes de province) sont inappréciables. »

Cette argumentation tendrait à faire croire, que le dépôt central qui existe en effet à l'étranger, est tout à fait exclusif de tout autre dépôt, et que puisque les marques sont centralisées dans le même lieu, c'est que le dépôt y est fait directement à l'exclusion bien entendu des dépôts faits en province, soit au greffe des tribunaux soit dans tout autre lieu.

J'ai recherché quelle était l'organisation adoptée chez les nations voisines, et j'ai constaté que l'Angleterre et la Russie, où la centralisation administrative d'autrefois est encore en vigueur, étaient en Europe, les seules des grandes nations où le dépôt direct des marques dans un lieu central fut exigé.

En Allemagne, en Belgique et en Turquie, le dépôt a lieu au greffe du tribunal du domicile du déposant.

En Autriche-Hongrie, à la Chambre de Commerce du ressort.

En Italie, à la préfecture du domicile du déposant et en Espagne dans les bureaux du Gouverneur de la province.

La suppression du dépôt des marques dans les greffes des tribunaux de Commerce et leur centralisation dans un dépôt unique présente encore cet inconvénient dont il y a lieu de tenir compte, c'est que, en cas d'incendie et de destruction de ce dépôt, il ne resterait entre les mains du Ministre du Commerce aucun double des dépôts effectués, ni aucun document permettant de reconstituer les titres disparus, autres que le modèle qui aura été remis au déposant en même temps que le certificat du dépôt.

Le tribunal de Commerce de Grenoble, dans la délibération

qu'il a prise sur ce même sujet, attribue à l'influence de personnes fortement intéressées à la suppression du dépôt en province, l'introduction de cette, malencontreuse disposition dans le projet de loi.

Si vraisemblable que soit cette supposition, je considère que les motifs qui doivent nous amener à protester contre cette suppression, sont assez puissants pour rendre inutile l'emploi de ce même argument.

Je n'ai pas repris en détail, les différents points dont se compose en outre l'article 4, qui n'ont du reste qu'une importance secondaire, considérant comme inutile de m'y arrêter, et tenant surtout à laisser en relief et à rendre aussi apparentes que possible, les principales raisons qui me paraissent de nature à faire rejeter cette innovation.

Je vous proposerai en conséquence, Messieurs, d'émettre l'avis :

Que le dépôt des marques dans les tribunaux de commerce, doit être conservé, conjointement avec le dépôt central actuellement existant.

L'article 5 énumère les conditions dans lesquelles le dépôt peut être fait, et détermine les obligations du préposé de l'administration qui le reçoit.

En raison de la suppression du dépôt au greffe des tribunaux de commerce et de la création d'un seul lieu de dépôt à Paris, le dépôt peut être fait.

1° par la poste sous pli recommandé ;

2° par le propriétaire lui même au bureau central :

3° par un fondé de pouvoir, muni d'une procuration spéciale.

Cet article correspond à l'article 2 du règlement de 1858.

L'article 6 est relatif à la publication de l'acte de dépôt dans la feuille officielle affectée à la propriété industrielle, et aux délais dans lesquels les actions peuvent être exercées et la marque déposée revendiquée.

Les dispositions qu'il renferme sont entièrement nouvelles.

L'article 7 introduit dans la loi des dispositions qui ne se trouvent pas dans la loi de 1857, elles rentrent dans le domaine des vérités existantes de par elles-mêmes, et qui n'ont jamais été contestées par personne. En voici le texte.

« ART. 7. — Celui qui le premier a fait l'usage public d'une « marque, en a seul la propriété.

« La nature du produit sur lequel la marque est apposée, « ne peut faire en aucun cas, obstacle au dépôt de la marque « et à sa revendication.

« Le seul emploi par un tiers d'une marque non déposée « fait de bonne foi, ne donne lieu à aucune action. »

TITRE III

Durée et validité des marques.

L'article 8 correspond à l'article 3 de la loi actuelle, qui fixe la durée de la validité du dépôt à 15 ans, avec faculté de le renouveler indéfiniment. Il énumère en outre les cas et les conditions dans lesquels le dépôt peut être annulé.

L'article 9 introduit dans la loi une disposition nouvelle en portant que, en cas de non renouvellement, la marque ne tombe définitivement en déchéance et ne devient libre qu'après une période de deux ans. En outre les numéros des marques dont le dépôt n'aura pas été renouvelé, seront portés à la connaissance du public, par avis inséré dans la feuille officielle affectée à la propriété industrielle, par le règlement d'administration publique.

Cette disposition en donnant au déposant qui aurait omis de renouveler son dépôt avant l'expiration des 15 ans, un délai très largement suffisant pour avoir le temps de s'apercevoir de sa négligence et de la réparer, me paraît une heureuse innovation.

L'article 10, correspond dans son 1ᵉʳ paragraphe à l'article 9 du règlement de 1858 et porte que les registres contenant les marques déposées, sont publics et peuvent être consultés au moyen d'un catalogue tenu constamment à jour.

Le second paragraphe, correspond au dernier alinéa de l'article 6 du même règlement, en substituant toute fois le dépôt central au greffe des tribunaux de province, il est relatif à la délivrance des expéditions de l'acte du dépôt.

L'article 11, a trait aux conditions requises pour que le dépôt soit valable et reprend les numéros des articles qui y sont relatifs.

TITRE IV.

Du nom commercial, de la raison de Commerce et du lieu de provenance.

L'article 12, donne la définition du nom commercial et de la raison de commerce.

L'article 13, est le second des deux articles sur lequel M. le Ministre du Commerce et de l'Industrie attire notre attention.

En voici le texte :

« La propriété du nom commercial ou d'une raison de « commerce appartient à celui qui le premier en a fait « usage.

« Le nom commercial et la raison de commerce sont soumis « à une déclaration préalable, effectuée au dépôt central dans « les conditions prescrites à l'article 5.

« La publication en est faite, conformément aux prescrip-« tions du paragraphe premier de l'article 6, et sous les sanc-« tions du paragraphe deuxième du même article.

« A défaut de déclaration, l'ayant droit ne pourra invoquer « que les dispositions de l'article 1382 du Code civil. »

Le second paragraphe de cet article en soumettant l'emploi

du nom commercial et de la raison de commerce à une déclaration préalable a une importance qui ne saurait vous échapper.

« Cet article, dit le rapporteur, soumet aux mêmes condi-
« tions d'usage que pour les marques, la propriété du nom
« commercial et de la raison de commerce.

« C'est toujours dans l'antériorité de l'usage que le droit à
« la propriété exclusive prend sa source.

« Les mêmes motifs, qui nous ont fait adopter cette règle
« pour les marques, peuvent être reproduits pour les noms,
« il faut voir là, un des nombreux points de contact qu'ils ont
« ensemble.

« Aussi tout en conservant les différences nécessaires qui
« existent entre ces moyens de distinguer les individus, les
« établissements et les produits, la Commission a-t-elle poussé
« l'analogie aussi loin qu'elle le pouvait. »

Je pense, Messieurs, que la Commission a même poussé cette analogie beaucoup trop loin, d'abord en assimilant aux marques le nom commercial, ensuite en confondant dans cette même assimilation et sans paraître s'apercevoir des caractères qui les distinguent, le nom commercial et la raison commerciale.

En effet, l'emploi des marques et du nom commercial, présentent une différence notable.

L'emploi des marques est, sauf certaines exceptions prévues par la loi, tout à fait facultatif, et la propriété d'une marque ne s'arquiert que sous certaines conditions et après avoir rempli certaines formalités.

L'emploi du nom commercial est au contraire rigoureusement obligatoire ; il n'est permis à personne de faire le commerce sous le voile de l'anonyme. Dans la plupart des cas, le nom commercial n'est autre que le nom patronymique du commerçant.

La propriété du nom existe par elle-même et le porteur

d'un nom quelconque n'a aucune formalité à remplir pour qu'elle lui soit acquise.

Cette vérité a été solennellement proclamée par la convention internationale de 1883, pour la protection de la propriété industrielle, qui a déclaré « que le nom commercial est protégé par lui-même et abstraction faite de toute formalité. »

Or, en soumettant le nom commercial à l'obligation d'une déclaration, les rédacteurs du projet de loi se mettent en contradiction formelle avec cette convention à laquelle la France a adhéré, et ils le reconnaissent.

Le rapporteur constate en effet que la France est liée par cette convention, qu'il est dès lors impossible de rendre la déclaration obligatoire, mais il espère que la possibilité d'invoquer l'application de pénalités rigoureuses, constituera des avantages suffisants pour engager tous les intéressés à se soumettre à la formalité de la déclaration, et il ajoute qu'au moyen du dernier paragraphe de l'article 13, cette question se trouve résolue dans le sens le plus large.

Il en résulte en effet que, à défaut de la déclaration prescrite, les ayants droit ne pourront bénéficier des actions spéciales organisées par la proposition de loi.

Ils resteront dans le droit commun, de telle sorte que la déclaration facultative n'aura pas seulement pour effet de créer deux genres de plaignants, ceux qui se seront soumis à cette formalité et qui outre la réparation du préjudice causé pourront invoquer l'application des pénalités contenues dans la nouvelle loi, et ceux qui n'ayant pas fait de déclaration ne pourront invoquer que l'application de l'article 1382 du Code civil; mais qu'elle aura en outre pour résultat de créer pour des cas absolument identiques deux catégories d'accusés et l'application de l'une ou de l'autre des lois en vigueur, pour les uns, la loi nouvelle, et pour les autres, l'art. 1382 du Code civil, ne dépendra ni de la nature, ni de la gravité du fait incriminé, mais uniquement de la situation du plaignant.

C'est une anomalie que j'ai tenu à vous signaler.

On serait tenté de croire que les auteurs du projet de loi ignorent qu'il y a en matière de concurrence déloyale, résultant de l'emploi de noms identiques, une jurisprudence constante, établie depuis longtemps déjà, si le rapporteur n'avait pris la peine de citer à l'appui de sa thèse, un arrêt de la Cour d'Appel d'Amiens, suivi d'un arrêt de la Cour de Cassation (1), qui, à l'encontre de ce que le rapporteur veut prouver, établit clairement au contraire que la législation actuelle suffit parfaitement à réprimer les faits de cette nature.

En outre, les tribunaux dans l'appréciation des dommages dûs pour la réparation du préjudice causé, se sont montrés dans la plupart des cas, assez sévères pour décourager et faire disparaître presque complètement ce genre de concurrence.

Il est donc superflu d'inventer de nouvelles mesures propres à en prévenir le retour, et l'inutilité de la déclaration du nom commercial apparaît nettement.

En résumé, cette formalité me paraît créer une complication nouvelle sans aucun avantage sérieux, et je ne crois pas devoir vous demander d'y donner votre approbation.

Je considérerais au contraire comme logique d'établir dans la loi une différence très tranchée, entre le nom commercial et la raison de commerce telle qu'elle est définie par nos jurisconsultes, et d'appliquer à cette dernière dénomination seule, les dispositions dont le projet de loi étendait les effets au nom commercial.

Permettez-moi, pour mieux faire ressortir la différence qui existe entre ces deux termes, le nom commercial et la raison de commerce, de reproduire ainsi que l'a fait le rapporteur, un extrait d'un rapport de M. le conseiller Debec, dans une

---

(1) Veuve Erard contre Nicolas Erard, Cour d'Amiens, 2 août 1878, Cour de Cassation, 15 Juillet 1879.

affaire où ces deux dénominations étaient reprises et se trouvaient en outre accompagner la marque.

Il s'agissait des grands magasins du Louvre.

« Les plaignants dit M. le conseiller Debec ont une raison
« sociale et une raison commerciale qu'il ne faut pas confondre.

« Leur raison sociale qui préside à toutes leurs mesures
« d'ordre intérieur et d'administration : *Chauchart et Cie*.

« Leur raison commerciale qui préside à leurs rapports
« avec les consommateurs : *Les grands Magasins du Louvre*.

« Indépendamment de leur raison commerciale les plai-
« gnants ont adopté une marque générale *la marque au Lion*,
« a l'effet de distinguer dans le commerce leurs marchandises
« de celles des maisons similaires. »

Il existe donc entre le nom commercial et la raison de
commerce une différence très sensible.

En conséquence il me paraîtrait conforme à l'esprit de la
loi que les personnes qui désirent s'assurer la propriété exclusive d'une raison commerciale fussent soumises aux mêmes
obligations de déclaration que pour les marques, sauf en ce
qui concerne les détails d'organisation administrative que je
ne crois pas devoir examiner ici.

Il est également inutile de faire ressortir les points de
ressemblance qui existent dans la pratique du commerce entre
la raison commerciale telle qu'elle est définie plus haut et la
marque de commerce, ils sont trop apparents et trop saillants
pour que j'ai besoin de m'y arrêter plus longtemps.

Je vous proposerai donc Messieurs, d'émettre l'avis :

1° Qu'il n'y a pas lieu de soumettre le nom commercial à la
formalité du dépôt ;

2° Qu'il y a lieu au contraire de déclarer obligatoire le
dépôt de la raison de commerce telle qu'elle est définie par
nos légistes ;

3° Que le dépôt de la raison de commerce s'effectue ainsi
que celui des marques au greffe des tribunaux de commerce.

Les Art. 14, 15 et 16 sont relatifs à l'emploi qui peut être fait ou qui est interdit des noms de fabrication, ou de production, du nom commercial et de la raison de commerce, et bien que, contenant des dispositions qui ne sont pas reprises dans la loi de 1857, je considère qu'il n'y a pas lieu de nous y arrêter.

L'article 17, ne fait qu'exprimer sous forme d'article de loi un principe passé dans la pratique depuis longtemps, c'est que « nul ne peut exercer une industrie ou un commerce, ou « entreprendre une exploitation soit sous une raison de com- « merce, soit sous un nom commercial déjà employés dans « la même industrie, le même commerce ou la même exploi- « tation, sans les différencier manifestement de manière à « éviter toute confusion. »

TITRE V

Transmission.

Le titre 5 se compose d'un seul article, l'article 18 relatif à la transmission de la propriété des marques, du nom de commerce ou de la raison de commerce. Les dispositions qu'il renferme ne figurent pas dans la loi de 1857.

TITRE VI

Disposition relative aux étrangers.

Le titre 6 qui comprend les articles 19 à 24, réglemente les dispositions relatives aux étrangers.

Il correspond au titre 2, articles 5 et 6 de la loi de 1857.

L'article 19, n'est que la reproduction de l'article 5 de cette loi étendant à l'étranger qui réside en France, y possédant et y exerçant une industrie ou un commerce, le bénéfice des lois françaises.

Le premier paragraphe de l'article 20 reproduit presque

textuellement le premier paragraphe de l'article 6 de cette même loi relatif à la réciprocité dont jouissent les Français et les étrangers dont les établissements sont situés hors de France, si des conventions diplomatiques établissent entre ces pays et le nôtre la réciprocité pour les marques, le nom commercial et la raison de commerce Français.

Le second paragraphe contient une disposition nouvelle qui porte que, en ce cas le déposant est tenu de faire élection de domicile à Paris, où il est soumis à la juridiction du Tribunal civil de la Seine pour toutes actions relatives aux dépôts effectués par lui ou en son nom.

Cette disposition devra être modifiée si, comme nous l'espérons, le dépôt dans les greffes des Tribunaux de Commerce est maintenu, soit en y ajoutant que nonobstant la possibilité pour les français de remplir les formalités du dépôt au greffe du Tribunal de leur domicile, les personnes visées dans le 1er paragraphe ne pourront effectuer ces dépôts qu'à Paris, soit en leur laissant la faculté d'effectuer les dépôts ailleurs qu'à Paris, et en leur imposant l'obligation d'élire domicile dans le lieu où les formalités du dépôt auront été remplies.

Le dernier paragraphe est la reproduction de l'article 7 de la convention internationale de 1883. Il est ainsi conçu :

« Toute marque de fabrique ou de commerce régulièrement « déposée dans ces pays sera admise telle quelle au dépôt « central.

« L'article 21 porte que toute contrefaçon ou imitation « illicite des marques, noms commerciaux ou raisons de « commerce, appartenant aux ayants droit mentionnés à l'ar- « ticle précédent qui auraient pu être commises en France à « leur préjudice, postérieurement au 23 juin 1857, ne peuvent « leur être opposées comme une cause de déchéance. »

L'article 22 n'est en quelque sorte que la contre-partie et le complément du 1er paragraphe de l'article 20 relatif à la réciprocité :

« L'Etranger et le Français dont l'établissement est situé à
« l'étranger, ne peuvent avoir en France, pour leurs marques,
« leur nom commercial et leur raison de commerce, plus de
« droits qu'ils n'en ont dans le pays où ils sont établis. »

L'article 23 correspond à l'article 19 de la loi de 1857. Son
premier paragraphe et ses deux derniers alinéas n'en sont que
la reproduction presque intégrale.

Je crois utile pourtant, en raison d'une disposition nouvelle
qu'il renferme, d'en reproduire, *in-extenso*, le texte.

« Art. 23. — Tous produits étrangers, portant soit sur
« eux-mêmes, soit sur des enveloppes, bandes ou étiquettes,
« une marque, un nom ou une mention de nature à faire
« croire qu'ils ont été fabriqués en France, sont prohibés à
« l'entrée, exclus de l'entrepôt, doivent être saisis, confisqués
« en quelque lieu que ce soit, soit à la diligence de l'admi-
« nistration des douanes, soit à la requête du ministère pu-
« blic ou de la partie lésée, même lorsqu'ils auraient été
« expédiés sur l'ordre ou du consentement de l'ayant-droit
« résidant en France.

« La présente prohibition s'applique également :

« 1° Aux produits étrangers portant le nom d'un lieu ou
« d'une région de fabrication française;

« 2° Aux produits étrangers fabriqués dans une localité du
« même nom qu'une localité française, qui ne porteront pas,
« en même temps que le nom de ce lieu de fabrication, le
« nom du pays d'origine.

« *Sont exceptés les produits étrangers, lorsque les marques*
« *et désignations ci-dessus seront accompagnées en caractères*
« *apparents de la mention « Importé »*.

« Dans le cas où la saisie est faite à la diligence de l'admi-
« nistration des douanes, le procès-verbal de saisie est immé-
« diatement adressé au ministère public.

« Le délai dans lequel l'action prévue par le présent article

« devra être intentée, sous peine de nullité de la saisie, soit
« par la partie lésée, soit par le ministère public, est porté à
« deux mois. »

Ainsi que vous l'avez déjà remarqué, Messieurs, cet article
après avoir prohibé l'entrée des produits fabriqués à l'étranger
présentés de façon à faire supposer qu'ils ont été fabriqués en
France, exempte des prohibitions dont il vient de les frapper
les mêmes produits, présentés de la même façon lorsqu'ils
seront accompagnés en caractères apparents de la mention
« Importé ».

Les auteurs de ce projet de loi qui semblent se préoccuper
beaucoup plus des intérêts des consommateurs que de ceux
des producteurs français, considèrent l'addition du mot *importé*
comme une innovation des plus heureuse.

« Loin d'être un obstacle, ainsi qu'on l'a prétendu, dit le
« rapporteur, à l'introduction en France de produits étran-
« gers, elle la facilitera par la sécurité qu'elle donnera aux
« importateurs loyaux et sincères. »

Est-il vraiment possible de classer dans cette dernière caté-
gorie, les importateurs qui échapperont aux dispositions de cet
article par l'addition de ce mot *importé*.

Pourquoi si ces importateurs sont loyaux et sincères, dé-
guisent-ils en produits français les produits étrangers qu'ils
importent, si ce n'est pour faire supposer qu'ils sont d'origine
française.

Est-ce montrer trop de méfiance qu'exprimer l'idée que ce
mot *importé*, pourrait parfois disparaître après l'introduction
en France du produit qui en aura été revêtu.

Dans tous les cas n'est-ce pas pousser bien loin la préve-
nance envers nos concurrents étrangers, que de leur donner
les moyens de contrefaire nos produits, de les revêtir d'étiquettes portant des noms de localités françaises et de mentions
de nature à faire croire qu'ils ont été fabriqués en France,
sous la seule condition d'y ajouter le mot *importé*.

Ne devons-nous pas craindre, surtout pour les articles susceptibles d'être fabriqués dans des contrées où la main-d'œuvre est moins élevée que chez nous, de favoriser l'industrie étrangère au détriment de la nôtre et d'enlever aussi à nos ouvriers le travail qui devrait leur être conservé.

Je considérerais donc comme plus conforme aux intérêts de notre industrie, de laisser à cet article son caractère prohibitif, et par conséquent d'en retrancher le passage relatif à cette exception.

L'article 24 fait l'énumération des personnes qui peuvent exercer les actions résultant de la présente loi.

TITRE VII

Pénalités.

Le titre 7 comprenant les articles 25 à 31 a trait aux pénalités. En voici le résumé :

ART. 25. — Des amendes variant de 100 à 1,000 fr. peuvent être infligées à ceux qui auront usurpé, contrefait, altéré, etc., les marques, les noms commerciaux ou les raisons de commerce.

ART. 26. — Ceux qui ne se seront pas conformés aux prescriptions relatives à l'emploi des marques seront passibles d'amendes variant de 50 à 1,000 fr.

ART. 27. — La preuve de la bonne foi est à la charge du prévenu dans les cas que la loi détermine.

ART. 28. — En cas de récidive, ces amendes pourront être portées au double, le tribunal pourra en outre prononcer la peine de l'emprisonnement de 15 jours à 2 ans.

ART. 29. — Le tribunal pourra ordonner l'affichage du jugement et l'insertion dans les journaux, dans certains cas et conditions déterminés.

Les délinquants pourront en outre être privés du droit d'élection et d'éligibilité pour les tribunaux et les chambres de commerce, les chambres consultatives des arts et manufactures et les conseils des prudhommes pendant une période qui n'excédera pas 10 ans.

ART. 30. — La destruction de la marque ou du nom reconnus contraires aux dispositions de l'article 25 doit être prononcée dans certaines conditions, et dans le cas où la marque ne pourrait être détruite sans l'objet, l'objet lui-même sera détruit.

ART. 31. — Le tribunal pourra en outre prononcer la confiscation des produits, si le prévenu a encouru dans les 5 années antérieures, une condamnation pour un quelconque des délits prévus par les deux premiers paragraphes de l'article 26.

TITRE VIII

Juridictions.

Le titre 8, articles 32 à 35 est relatif aux juridictions et aux formes à observer ; il correspond au titre 4, articles 16, 17 et 18 de la loi de 1857.

Ainsi que dans cette loi les actions relatives aux marques, sont portées devant les tribunaux civils ; en cas d'action intentée par la voie correctionnelle, si le prévenu soulève pour sa défense des questions relatives à la propriété de la marque, le tribunal de police correctionnelle statue sur l'exception, sans que la sentence à intervenir puisse constituer la chose jugée sur la question de propriété.

Convient-il, ainsi que l'ont demandé d'autres chambres de commerce, de protester contre l'attribution aux tribunaux civils de la connaissance des actions relatives aux marques ?

Les prescriptions édictées dans ce titre ne modifient en rien quant au fond, l'état de choses établi par la loi de 1857.

Or, l'application de cette loi n'a pas révélé d'inconvénients ou de vices qui soient de nature à provoquer une modification telle qu'un changement dans l'attribution de compétence.

Si ce genre d'action ne comportait que l'appréciation de faits ressortissant exclusivement du domaine des opérations commerciales, je n'hésiterais pas à vous proposer de vous associer au vœu déjà exprimé pas d'autres compagnies.

Mais dans les procès de cette nature, l'action civile proprement dite a presque toujours une prédominance marquée sur les faits se rattachant directement à l'exercice du commerce.

L'action civile elle-même est presque toujours intimement liée à une action correctionnelle, qui échappe également à la compétence des tribunaux de commerce.

Il me paraîtrait difficile dans la pratique de dissocier d'une façon nettement tranchée, les différentes parties d'une action de ce genre pour attribuer à différentes juridictions la part qui leur reviendrait.

Si vives que soient mes sympathies et mon estime pour la juridiction consulaire à laquelle j'ai été heureux d'appartenir, je ne crois pas devoir vous proposer de demander que cette partie de la loi soit modifiée.

TITRE IX

Dispositions générales et transitoires.

Le titre 9 et dernier, articles 36 à 39 ne concerne que les dispositions générales et transitoires.

CONCLUSION

La lecture de ce projet de loi conduit tout naturellement à

se demander à quel besoin réel il répond, si les innovations qu'il renferme sont heureuses et si elles viennent perfectionner utilement et améliorer les lois actuelles.

Je regrette de répondre négativement, ainsi que nous l'avons vu, sur presque tous les points.

En conséquence, Messieurs, j'ai l'honneur de vous proposer d'émettre l'avis :

1° Qu'il n'y a pas lieu de créer une marque spéciale au commerce (art. 1ᵉʳ) ;

2° Que le dépôt des marques au Greffe du Tribunal de Commerce du domicile du déposant doit être conservé (art. 4) conjointement avec le dépôt central actuellement existant ;

3° Qu'il n'y a pas lieu de soumettre le nom commercial à la formalité du dépôt (art. 13) ;

4° Qu'il y a lieu au contraire de déclarer obligatoire le dépôt de la raison de commerce telle qu'elle est définie par nos légistes (art. 13);

5° Que le dépôt de la raison de commerce s'effectue, ainsi que celui des marques au greffe du tribunal de Commerce du domicile du déposant (art. 13) ;

6° Qu'il y a lieu de conserver à l'article 23 son caractère entièrement prohibitif et par conséquent de supprimer le 5ᵐᵉ alinéa de cet article (art. 23).

Amiens, le 11 *Juillet* 1883

EUGÈNE GALLET.

La Chambre, après avoir examiné successivement chacun des articles de cette proposition de loi et en avoir délibéré, approuve ce rapport à l'unanimité et en adopte les conclusions.

Elle décide qu'il sera imprimé et envoyé à M. le Ministre du Commerce et de l'Industrie, à M. le Garde des Sceaux, Ministre de la Justice, à MM. les Sénateurs et Députés du Département, aux membres de la Commission sénatoriale chargée d'examiner la proposition de loi qui en fait l'objet, aux Chambres de Commerce et aux Chambres consultatives des Arts et Manufactures.

Pour copie conforme,

Le Président de la Chambre,

Charles LABBÉ.

1518. — AMIENS — IMP. T. JEUNET.